KOHLRAUSCH · TEIRICH-LEUBE

Hockergymnastik

Hockergymnastik

eine Übungsbehandlung im Sitzen

Von

WOLFGANG KOHLRAUSCH

und

HEDE TEIRICH-LEUBE

9. Auflage

Mit 64 Abbildungen von Bildhauer Max Leube, Berlin

SEMPER BONIS ARTIBUS

GUSTAV FISCHER VERLAG · STUTTGART
1984

CIP-Kurztitelaufnahme der Deutschen Bibliothek

Kohlrausch, Wolfgang:
Hockergymnastik : e. Übungsbehandlung im Sitzen
von Wolfgang Kohlrausch u. Hede Teirich-Leube.
Mit 64 Abb. von Max Leube.
9. Aufl. — Stuttgart ; New York : Fischer, 1984.
ISBN 3-437-10932-4
NE: Teirich-Leube, Hede:

Druck: Offsetdruckerei Karl Grammlich, Pliezhausen
Einband: Großbuchbinderei Clemens Maier, Echterdingen
Printed in Germany

ISBN 3-437-10932-4

Inhalt

Vorwort zur sechsten überarbeiteten Auflage

Die vor 40 Jahren erstmals veröffentlichte und jetzt in sechster Auflage erscheinende «Hockergymnastik» hat im Rahmen der Krankengymnastik auf allen klinischen Gebieten eine große Bedeutung, erlaubt doch die sitzende Ausgangshaltung eine allgemeine und gezielte Einwirkung auf den ganzen Körper. Von besonderer Bedeutung ist jedoch die Wirbelsäule und die sie bewegende Muskulatur. Im täglichen Leben steht bei den meisten Erwachsenen die Haltung des Rückens und nicht seine Bewegung im Vordergrund. Dadurch kommt es im Lendenbereich und im Schultergürtel und Nacken häufig zu schmerzhaften Spannungen. Die «Hockergymnastik» kann hier vorbeugend und heilend wirken. Wer diesen Erfolg einmal erlebt hat, wird diese Methode im täglichen Leben nicht mehr missen wollen, zumal sie außer einem geeigneten Hocker oder Stuhl praktisch keinen Raum benötigt.

Möge diese Neuauflage für viele Menschen eine Hilfe sein.

März 1974 W. Kohlrausch · H. Teirich-Leube

Einführung

Bei vielen Menschen aller Jahrgänge fehlt heute eine freie Beweglichkeit der Wirbelsäule. Oft werden schon in jungen Jahren Rückenschmerzen in Ruhe, beim Sitzen, Gehen und Stehen und bei Bewegungen im täglichen Leben angegeben. Bei Erwachsenen ist das noch viel häufiger der Fall. Das moderne Leben stellt offenbar eine besondere Belastung für den Rücken dar, die weniger in einer bewegungsmäßigen Leistung, sondern in einer Haltearbeit der Muskeln besteht. Alle Muskeln und Gelenke brauchen jedoch die Bewegung, wenn sie gesund und beschwerdefrei bleiben sollen. In besonderem Maße gilt das für die Rückenmuskeln und die Wirbelsäule, da durch die aufrechte Körperhaltung beim Menschen die ganze Last von Rücken, Brustkorb, Schultergürtel und Armen von den Muskeln des Beckengürtels und der Wirbelsäule getragen werden muß. Besonders groß ist die Muskelbelastung im Lendenteil der Wirbelsäule, wo Bewegungsstörungen und schmerzhafte Muskelspannungen mit Vorliebe auftreten.

Die Wirbelsäule ist ferner Träger des Rückenmarks und vermittelt durch die Austrittsstellen für die Nerven die Verbindung zwischen Gehirn und Bewegungsapparat. Haltungsstörungen und Fehlspannungen in Muskeln und Bindegewebe der Wirbelsäule können diese Verbindung stören und z. B. zum Bandscheibensyndrom führen: Nervenschmerzen im Kopf, in den Armen und im Schultergürtel, im Brustkorb und Rücken sowie im Becken und in den Beinen. Auch Organstörungen haben häufig ihre Ursache in der Fehlhaltung der Wirbelsäule mit ihrer ungünstigen Wirkung auf die aus den Wirbellöchern austretenden Nerven. Gelingt in solchen Fällen die Wiederherstellung der regelrechten Haltung der Wirbelsäule durch die Beseitigung der Fehlspannungen in Muskeln und Bindegewebe, so verschwinden die Beschwerden oft rasch. Es ist also sowohl für die Haltungs- und Bewegungsaufgaben des Körpers wie im weiteren Sinn für die Gesundheit aller Körperorgane von größter Wichtigkeit, daß die Wirbelsäule die richtige Haltung und die freie Beweglichkeit behält und daß Fehlspannungen in Muskeln und Bindegewebe und dadurch bedingte Fehlhaltungen beseitigt werden.

In großen Zügen lassen sich folgende

Ursachen für Kreuz- und Rückenschmerzen

zusammenfassen:

1. **Arbeitsschäden** des Bewegungsapparates der Wirbelsäule durch allgemeine Überbeanspruchung oder einseitige Haltearbeit,
2. **Degenerationserscheinungen** durch Überbelastung, Osteochondrose, Bandscheibenschäden usw.,
3. **Änderungen der Wirbelsäulenstatik** bei Insuffizienz des gesamten Halte- und Bewegungsapparates z. B. bei Asthenie mit allgemeiner Gewebsschwäche, nach langem Krankenlager, vorübergehend in der Schwangerschaft durch die Schwerpunktverlagerung und die Auflockerung des Becken-Bindegewebes, beim Hohlkreuz infolge Bauchdeckenschwäche – **Störungen der Brustwirbelsäule** bei Scheuermann'scher Erkrankung, auch Adoleszentenkyphose genannt, und als Folge von Armverletzungen, bei Schulterbehinderungen, nach Rippenfrakturen, Rippenfellentzündungen mit Verschwartungen, beim Asthma und Emphysem usw.,
4. **Unfallfolgen** mit Kontrakturen, Atrophien, Dystrophien usw. nach Zerrungen der Weichteile, Frakturen der Wirbel usw.,

5. **rheumatische Erkrankungen der Wirbelgelenke und -muskeln,**
6. **neurale Erkrankungen** wie Ischias, Ischialgie, Lumbago, Sakralgie, Interkostalneuralgie, Neuralgie und Neuritis des Plexus brachialis und cervikalis, soweit diese nicht durch Bandscheibenschäden hervorgerufen sind,
7. **Reflexzonen in Muskeln und Bindegewebe des Rückens** bei funktionellen und organischen Störungen der Brustkorb-, Bauch- und Beckenorgane.

Wirkungsweise der Hockergymnastik

Die sitzende Ausgangsstellung auf einem Hocker oder geeigneten Stuhl von etwa 40 cm Höhe ermöglicht wie keine andere Ausgangsstellung die gezielte Einwirkung auf die Muskeln und Gelenke der Wirbelsäule und des Rumpfes. Im Sitzen ist viel weniger Muskelarbeit zur Erhaltung des Gleichgewichtes als beim Üben im Stehen nötig, wo schon kleinste Änderungen der Bein- und Beckenhaltung die Bewegungen in der Wirbelsäule verändern. Von besonderer Bedeutung für die Wirbelsäulenbewegungen ist im Sitzen die Hüftbeugehaltung, wodurch das auf den Sitzknorren balancierende Becken ausgiebige Bewegungen im Sinne des Kippens und Aufrichtens ausführen kann. Die Lendenwirbelsäule wird hierbei zwangsläufig mitbewegt, und zwar beim Beckenkippen im Sinne einer Lordosierung, beim Beckenaufrichten im Sinne einer Kyphosierung. **Diese Becken-Wirbelsäulenbewegungen stellen den Kern der «Hockergymnastik» dar.**

Durch **Drehungen des Brustkorbs, seitbeugende und drehbeugende Brustkorb-Rumpfbewegungen** können ferner die Muskeln und Gelenke der Brustwirbelsäule, des Brustkorbs und die Bauchmuskeln beeinflußt werden. Je nach der Beckenstellung ist der Scheitelpunkt dieser Bewegungen verschieden:

bei **gekipptem Becken** liegt der Scheitelpunkt der Bewegungen im unteren Teil der Brustwirbelsäule und in der Lendenwirbelsäule –

bei **Beckenmittelstellung** liegt der Scheitelpunkt der Bewegungen im mittleren und unteren Teil der Brustwirbelsäule –

bei **aufgerichtetem Becken** liegt der Scheitelpunkt der Bewegungen im mittleren und oberen Teil der Brustwirbelsäule.

Wenn diese Bewegungen miteinander verbunden werden, wird die ganze Wirbelsäule und die gesamte Rumpfmuskulatur erfaßt.

Über diese spezifische Einwirkung auf die Wirbelsäule und die Rückenmuskeln hinaus eignet sich die sitzende Ausgangsstellung durch die mit ihr verbundene **Entlastung der Beine** zur Übungsbehandlung statischer Fuß-Beinbeschwerden und arthrotischer Fuß- und Kniestörungen, ferner zur Ausführung großer Gelenkbewegungen der Hüft- und Kniegelenke und damit auch zur dehnenden Einwirkung auf Hüftstrecker, Kniebeuger, Adduktoren, die bei statischen Muskelschmerzen, rheumatoiden Beschwerden wie Lumbalgien und Ischialgien therapeutisch erforderlich sind. Auch die **Arm- und Schultergelenke** sind aus der Sitzhaltung oft besser als aus anderen Ausgangsstellungen zu üben, da Ausweichbewegungen im Rumpf z. B. bei der Bewegungsbehandlung einer Schulterbehinderung dem Übenden früher und stärker deutlich werden und vermieden werden können. Weiter eignet sich die sitzende Ausgangsstellung für die Übungsbehandlung bei Menschen mit Neigung zu **Kopfschmerzen** z. B. im Klimakterium, bei Hyper- und Hypotonie des Blutdrucks mit Kreislaufregulationsstörungen, bei denen Umlagerungen vermieden werden müssen.

Ohne Beugebewegungen des Kopfes und ohne große Umlagerungen des Rumpfes ist im Sitzen ein reichhaltiges Übungsprogramm auszuführen und in vielen Fällen eine sehr gute Beeinflussung der leidigen Kopf- und Gefäßbeschwerden möglich. Das gilt auch für ältere Menschen; die Übungen können **entspannend** und **kraftvoll** gestaltet werden.

Bei der «Hockergymnastik» werden folgende Übungsgruppen unterschieden:

I. **Durchbewegung von Becken und Wirbelsäule** durch Beckenkippen und -aufrichten mit Wirkung auf die Rücken-, Bauch- und Beckenmuskeln;

II. **Durchbewegung der Brustwirbelsäule und des Brustkorbs** durch Drehungen, Seit- und Drehbeugebewegungen mit Wirkung auf die Brustkorb-, Schultergürtel-, Bauch- und Rückenmuskeln;

III. **Übungen für die Rückenmuskeln;**

IV. **Übungen für die Beckenboden- und Gesäßmuskeln;**

V. **Durchbewegung der Fuß-Knie-Hüftmuskeln.**

I. Übungen für Becken und Wirbelsäule

Die therapeutischen Möglichkeiten dieser Übungen, die im Mittelpunkt der «Hockergymnastik» stehen, sind außerordentlich vielseitig. Menschen mit stehenden Berufen wie Zahnärzte, Bäcker, Kellner, Krankenschwestern, vielfach auch Hausfrauen und Menschen anderer Berufsgruppen haben im Bereich von Becken und Lendenwirbelsäule Beschwerden durch erhöht gespannte Muskeln. Nach Lumbalgien und Ischialgien bleiben häufig noch lange nach dem Abklingen der eigentlichen Erkrankung schmerzhafte Spannungen und Bewegungsstörungen in den Gesäß- und Lendenmuskeln bestehen. Bei Verstopfungen, Menstruationsstörungen spastischer und atonischer Art, nach Gastritis, Enteritis, Kolitis, bei Senkungen der Baucheingeweide, bei und nach Unterleibserkrankhungen usw. treten reflektorisch bedingte Spannungserhöhungen in Muskeln und Bindegewebe von Becken und Lendenwirbelsäule auf. Durch eine schmeidigende Übungseinwirkung auf die genannten Muskeln, Gelenke und Bindegewebszonen gelingt in vielen Fällen eine Besserung und oft völlige Beseitigung der Beschwerden und Organstörungen.

1. Allgemeine Grundübungen

Beckenkippen mit Lordosieren der Lendenwirbelsäule –

Beckenaufrichten mit Kyphosieren der Lendenwirbelsäule.

Man sitzt zu dieser Übung **vorn** auf dem Hocker oder Stuhl, damit die Beckenbewegung über den Sitzknorren als Drehpunkt voll ausgeführt werden kann. Die Beine übernehmen beim Beckenkippen einen Teil des Rumpfgewichtes, was beim Sitzen auf der ganzen Hockerfläche nicht in gleicher Weise der Fall ist.

Bei nicht frei beweglicher Wirbelsäule werden zunächst Streck- und Beugebewegungen des Rumpfes ausgeführt, wobei der Brustkorb durch verschiedene Armhaltungen fixiert wird, wie die Abbildungen a–d zeigen:

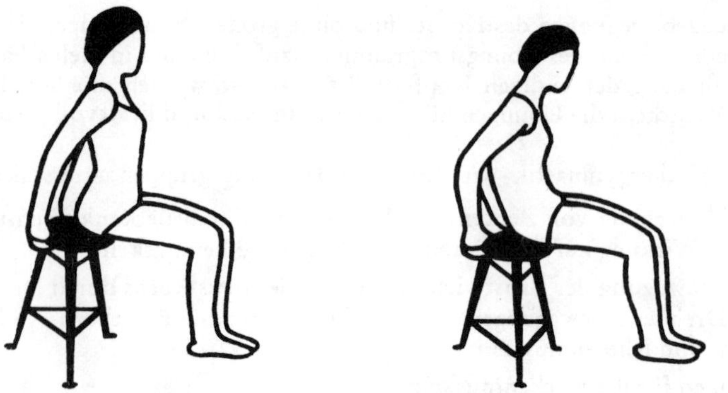

a) Anlegen der Hände am Hocker bzw. Stuhl.

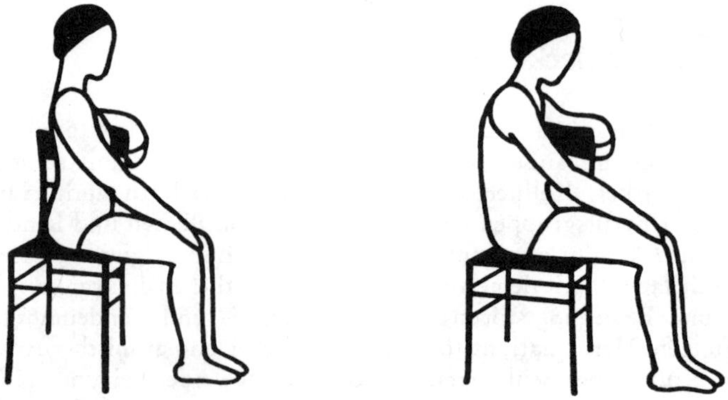

b) Aufstützen eines Armes auf der Stuhllehne

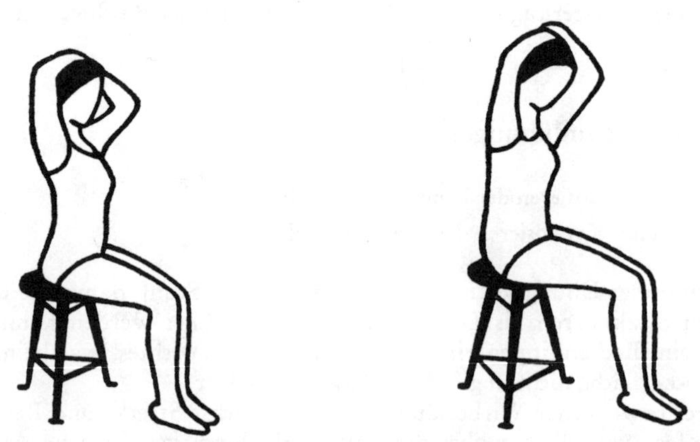

c) Anlegen eines Ellbogens seitlich an die Wand

d) Fixierung des Brustkorbs durch Aufstützen beider Unterarme auf den Knien. Die Hüftbeugehaltung setzt den Beckendrehungen einen Widerstand entgegen, die Rückenbewegung erfolgt im unteren Teil der Lendenwirbelsäule und dem Becken.

Die **Beckendrehungen** werden zunächst in gleichmäßigem Rhythmus als große Bewegungen in ruhigem Tempo und als kleine und kleinste Bewegungen in rascherem Tempo ausgeführt. Bei den großen, langsamen Bewegungen erfolgt die Atmung am besten so, daß beim Beckenkippen ein-, beim Beckenaufrichten ausgeatmet wird. Bei den kleinen, raschen Bewegungen wird zunächst auf langsam ausgeführtes Beckenkippen eingeatmet und die Ausatmung auf 3–5–7 kleine Beckendrehungen als Aufrichten-Kippen ausgeführt. Mit fortschreitender Übung ist auch die Einatmung auf mehrere kleine Beckendrehungen möglich. Die kleinen, raschen Beckendrehungen beeinflussen in besonderer Weise die Becken-Lendenmuskeln, die Iliosakralgelenke und die Lendenwirbelsäule.

Nach Gastritis, Enterokolitis, bei Eingeweidesenkungen, Hypomenorrhoe und sekundärer Amenorrhoe sowie bei Leber-Gallenstörungen besteht eine Empfindlichkeit gegen rasches Beckenkippen und -aufrichten. Schon nach wenigen Bewegungen können Kopfschmerzen und Übelkeit auftreten. Die lockeren Bewegungen haben offenbar eine Reizwirkung auf das vegetative Nervensystem, die bei den genannten Krankheitsbildern und Störungen nicht vertragen wird. In diesen Fällen müssen die Bewegungen klein und langsam unter kraftvoller Anspannung der Bauch- und Gesäßmuskeln beim Beckenaufrichten und der Rückenmuskeln beim Beckenkippen ausgeführt werden. Oft werden auch die Beckendrehungen in Verbindung mit Arm- und Beinbewegungen (S. 8 ff.) gut vertragen, wenn sie mit kraftvoller Hand- bzw. Fußarbeit verbunden werden. Hierbei ist die vegetative Reizwirkung geringer als bei den reinen Beckendrehungen. Wenn jedoch auch dann Kopfschmerzen und Übelkeit auftreten, muß zunächst auf die Hockergymnastik verzichtet werden und die Übungsbehandlung in Rücken- und Seitenlage erfolgen.

Auch bei Ischialgie und Lumbago besteht häufig eine Empfindlichkeit gegen die kleinen, raschen Beckendrehungen. Wenn eine Wurzelreizung der Lumbal- und Sakralnerven vorliegt, wird die Behandlung in Seitenlage, im Vierfüßlerstand oder im Stehen ausgeführt, da in diesen Ausgangsstellungen keine Druckwirkung auf die reizempfindlichen Wirbelgelenke erfolgt.

Wenn die Beschwerden muskulär bedingt sind, was häufig der Fall ist, so ist die Bewegungsbehandlung angezeigt. Die Beckenbewegungen werden zunächst langsam und gegen kräftigen Widerstand ausgeführt. Wenn die Schmerzen nachlassen, wird der

Widerstand verringert, bis die Bewegungen ohne Widerstand langsam und allmählich rascher ausgeführt werden können.

Die Bewegung des Beckenkippens und -aufrichtens kann auch so ausgeführt werden, daß eine Übung der **Bauchmuskeln** oder der **Rückenmuskeln** damit verbunden ist:

a) Spannung der Bauchmuskeln

mit Beckenkippen einatmen unter Vorwölben des Bauches –
mit Beckenaufrichten rasch und kräftig ausatmen.

Je rascher ausgeatmet wird, desto stärker ist die Anspannung und Zusammenziehung der Bauchmuskeln. Wichtig ist, daß der Brustkorb dabei nicht nach vorn abgebeugt wird. Die Bauchmuskelarbeit wird dadurch gesteigert, daß die Ausatmung auf mehrere Stöße (hörbar auf f-f-f-f-f oder p-p-p-p-p) erfolgt. Die Atempause wird mit gut zusammengezogenen Bauchmuskeln und aufgerichtetem Becken möglichst lange gehalten.

b) Lockerungs- und Entspannungsübungen der Bauchmuskeln

mit Beckenkippen einatmen unter weitem Vorwölben des Bauches –
mit Beckenaufrichten langsam und ruhig ausatmen ohne Zusammenziehung der Bauchmuskeln.

Die lockernde Wirkung auf die Bauchmuskeln wird verstärkt, wenn die Einatmung sakkadierend erfolgt und hierbei das Becken schubweise immer weiter vorfedernd gekippt wird.

Kommando vor-vor-vor-vor – halten! –
ruhig und langsam zurück –
vor-vor-vor-vor – halten! –
ruhig und langsam zurück.

In seltenen Fällen können die Bauchmuskeln so hypertonisch sein, daß sie sich bei jeder Näherung der Ansätze krampfhaft zusammenziehen. Hier muß die Atemführung umgestellt werden:

mit Beckenaufrichten einatmen in die hinteren unteren Flankenabschnitte –
mit Beckenkippen ausatmen ohne Anspannung der Lendenmuskeln.

Diese Atemführung widerspricht zwar dem natürlichen Bewegungsgefühl, aber auf diese Weise gelingt die Lockerung der verkrampften Bauchmuskeln rasch, so daß dann die erstere Atemführung

einatmen mit Beckenkippen –
ausatmen mit Beckenaufrichten –

zunächst bei kleinen und allmählich auch bei größeren Bewegungen möglich wird.

c) Übung der Rückenmuskeln

Beckenaufrichten mit einatmen in die hinteren unteren Flankenabschnitte –
Beckenkippen mit ausatmen unter Anspannung der Rückenmuskeln –
Halten der Atempause mit zusammengezogenen Rückenmuskeln.

Bei dieser Übung steht das **Weitmachen der hinteren unteren Flankenabschnitte** und nicht das Beckenaufrichten im Vordergrund. Wenn diese Atemführung bei schlechter

Brustkorbhaltung, z. B. beim Sitzen in der Schule oder bei sitzender Tätigkeit im Beruf immer wieder ausgeführt und allmählich zur Gewohnheit wird, gelingt die Erziehung einer guten Brustkorbhaltung rascher und besser, als wenn mit Rückenstrekkung ein- und mit Rückenbeugung ausgeatmet wird.. In diesem Fall sinkt der Brustkorb mit Ausatmung zusammen und bleibt auch während der Atempause in der «schlechten Haltung», während im ersteren Fall der Rücken während der Ausatmung und der Dauer der Atempause gestreckt gehalten wird.

Die genannten Übungen sind in **verschiedenen Rhythmen** mit Betonung von Beckenkippen und Rückenstrecken – von Beckenaufrichten und Rückenbeugen – im Wechsel als große langsame und kleine rasche Bewegungen – mit Betonung der Bauch- oder der Rückenarbeit – als lockernde Bewegungen für die Lendenwirbelsäule zu erlernen.

2. Gezielte Wirbelsäulenbewegungen

In den seltensten Fällen haben die Erwachsenen ein sicheres Bewegungsgefühl für ihre Wirbelsäule, auch wenn keine besonderen Spannungserhöhungen der Rückenmuskeln oder rheumatoide Beschwerden vorliegen. Um das Bewegungsgefühl zu wecken, wird

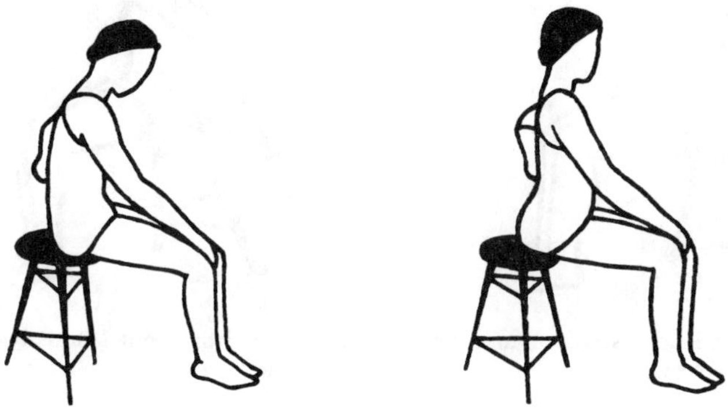

Übung der Streckung und Beugung am Übergang von Brust-Lendenwirbelsäule

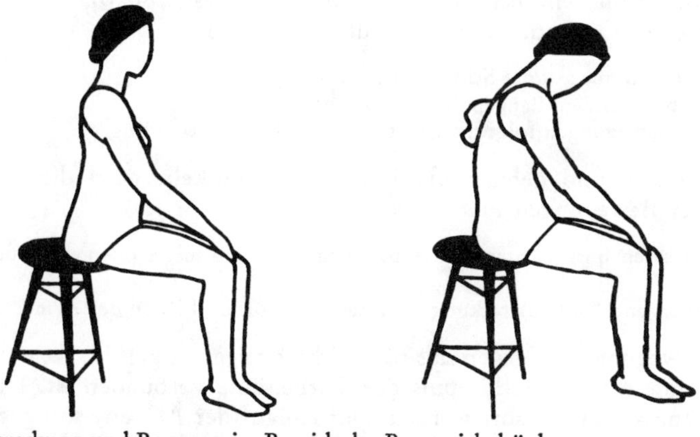

Übung der Streckung und Beugung im Bereich der Brustwirbelsäule

an beliebigen Stellen der Wirbelsäule mit den Fingern ein leichter Druck gegeben und der Rücken genau an dieser Stelle (Abb. S. 7) bewegt. In diesem Fall werden die Streck-Beugebewegungen nicht durch Beckendrehungen eingeleitet, sondern finden gezielt im Rücken statt.

Wenn die Wirbelsäule in den verschiedenen Abschnitten gezielt bewegt werden kann, werden die allgemeinen Grundübungen auf die ganze Wirbelsäule ausgedehnt und

3. Beckenbewegungen mit Brustkorb-Armbewegungen

verbunden:

Beckenkippen mit Rückenstrecken und Vorhochschwingen der Arme – einatmen –

Beckenaufrichten mit Rückenbeugen und Vorabschwingen der Arme – ausatmen

Wenn die Ausatmung verlängert oder die Zusammenziehung und Spannung der Bauchmuskeln gesteigert werden soll, z. B. bei einer Emphysenbehandlung, zur Kräftigung schlaffer Bauchmuskeln, bei atonischer Obstipation usw., so werden jeweils in der Beugehaltung mehrere Armschwünge ausgeführt:

lockeres Armpendeln nur aus der Schulter heraus –
Armpendeln mit federndem Beugen des Brustkorbs –
Nach 3-5-7 Armbewegungen folgt die Einatmung mit Rückenstreckung.

Bei hypertonischen und dehnempfindlichen Bauchmuskeln wird die Atemführung umgekehrt zu den Bewegungen ausgeführt:

mit Beckenaufrichten und leichter Rückenbeugung einatmen mit senken und rückführen der Arme –
mit Beckenkippen und Rückenstreckung ausatmen mit vorhochführen der Arme.

Diese Atembewegung geht gegen das natürliche Bewegungsgefühl, da normalerweise die Einatmung mit einem Streckimpuls der Wirbelsäule verbunden ist. Die Übungen müssen daher langsam ausgeführt werden. Der Ablauf der Atmung soll gegenüber den Rumpf- und Armbewegungen im Vordergrund stehen.

Diese Übungsweise ist z. B. zweckmäßig in den letzten Wochen der Schwangerschaft, wo häufig beim Hochführen eines oder beider Arme mit Einatmen und Rückenstrecken Spannungsgefühle in den überdehnten Bauchmuskeln auftreten, was bei der Umkehr der begleitenden Atemführung nicht der Fall ist. Auch bei Leber-Gallenstörungen sind oft die rechtsseitigen Bauch- und Interkostalmukeln bewegungs- und dehnempfindlich. Durch die hier beschriebene Atemführung gelingt es, auch bewegungsempfindliche Muskeln zu üben und ihre reflektorisch bedingte Spannungserhöhung allmählich zu verringern und die Beschwerden günstig zu beinflussen.

Besonders lockernd wirkt die **doppelte Beckendrehung** auf jeweils einen Armschwung:

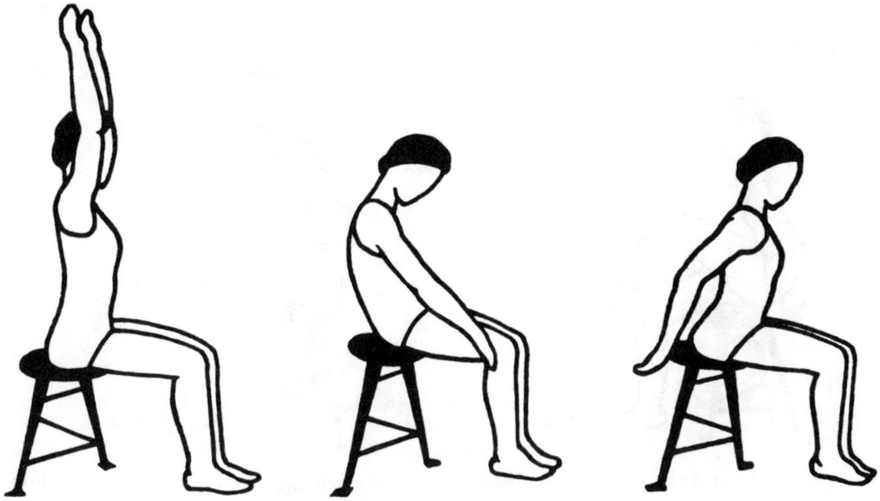

Beckenkippen – Rückenstrecken – Arme (verschieden hoch) aufwärts schwingen	→	Beckenaufrichten – Rückenbeugen und beginnendes Abschwingen der Arme	→	Beckenkippen – Rückenstrecken – Durchschwingen der Arme nach rückwärts

↑ ______ sofort ← ↑ ______ über

Bei dieser Übung, die langsam als große Rumpfbewegung oder rascher als kleine und kleinste Bewegung ausschließlich von Becken und Lendenwirbelsäule ausgeführt werden kann, steht das **Beckenkippen mit der Lordosierung der Lendenwirbelsäule** im Vordergrund. Neben der lockernden Wirkung auf Muskeln und Gelenke der Lendenwirbelsäule und des Beckens entsteht durch diese Übung noch mehr als bei der einfachen Beckendrehung ein Reiz auf das vegetative Nervensystem (Plexus solaris und das präsakrale System). Diese Übungen sind daher nie lange hintereinander auszuführen. Wenn eine erhöhte vegetative Reizempfindlichkeit bei diesen Übungen in Erscheinung tritt (bei Frauen oft prämenstruell, bei Menstruationsstörungen, nach Magen-Darmerkrankungen und bei Leber-Gallenstörungen), so muß darauf verzichtet werden. Eine Trainierung ist nach unseren Erfahrungen auch bei dem besten Willen der Betreffenden nicht zu erreichen.

Eine **Steigerung der Bauchmuskelarbeit** erfolgt bei

4. Becken-Beinbewegungen

Für diese Übungen setzt man sich auf dem Hocker oder Stuhl zurück, damit die Beine gewichtfrei und leicht abhebbar sind. Die Beinbewegung soll ausschließlich durch die Beckendrehung erfolgen. Durch die **unterschiedliche Betonung** der einzelnen Bewegungsphasen kann die Arbeit der Bauch- oder der Rückenmuskeln in den Vordergrund gestellt werden. Die **Atemführung** erfolgt in der Weise, daß beim Beckenkippen eingeatmet, beim Beckenaufrichten mit Abheben des Beines ausgeatmet wird. Bei raschem Arbeiten ist darauf zu achten, daß nicht tief geatmet wird, da sonst Kopfschmerzen, Schwindelgefühle und Übelkeit auftreten können.

Ausgangsstellung gekipptes Becken, Beine angestellt:

mit Beckenaufrichten Abheben eines Beines

mit Beckenkippen Abstellen des Beines

Variationen der Becken-Beinbewegungen:

Abheben eines Beines mit Beckenaufrichten –
Herüberschlagen und Senken über das andere Bein mit Beckenkippen –
Heben und über das Bein zurückführen mit Beckenaufrichten –
Abstellen mit Beckenkippen

dasselbe aus gespreizt angestellten Beinen

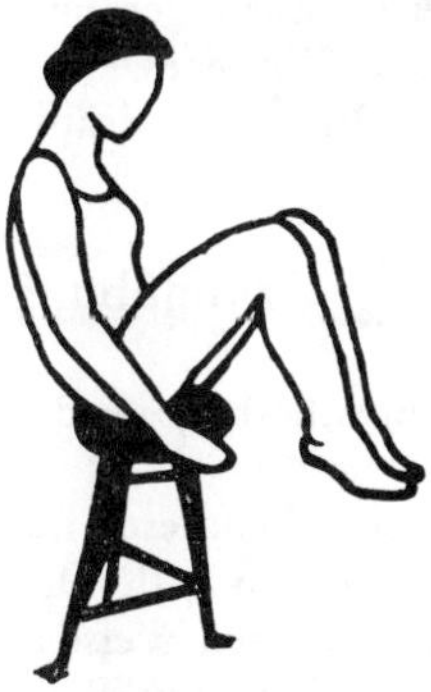

Anheben beider Beine mit Beckenaufrichten
Abstellen mit Beckenkippen

Bei der Übung mit beiden Beinen gleichzeitig wird bei Menschen mit schlaffen Bauchdecken anfänglich das Becken beim Abstellen der Beine passiv gekippt. Das ist zu vermeiden, da hierdurch der Rücken im Lendenteil ruckhaft gestreckt wird, wodurch Rückenschmerzen ausgelöst werden können: das Senken der Beine muß durch aktives Beckenkippen eingeleitet und bis zum Abstellen der Füße durchgeführt werden.

Wenn das Zusammenspiel der Beckenbewegungen mit den Brustkorb-Armbewegungen und den Beinbewegungen erlernt ist, werden

5. Becken-Brustkorb-Beinbewegungen

in verschiedener Weise miteinander verbunden, wodurch das Zusammenspiel von Rumpf und Gliedmaßen geschult wird. Je nach dem Behandlungsgesichtspunkt werden diese Übungen langsam und zügig – schwunghaft mit wechselnder Betonung des Auf- und Abschwunges – kraftvoll und ruckhaft mit Betonung der Beuge- oder Streckbewegungen usw. ausgeführt. Die Beckenbewegungen stehen bei diesen Übungen im Mittelpunkt und lösen die Brustkorb-Armbewegungen und die Beinbewegungen aus.

II. Übungen für Brustwirbelsäule und Brustkorb

Ihre Anwendung kommt bei erhöhter Spannung der Brustkorb-Schulter-Nacken- und Armmuskeln in Frage. Bei einseitiger Haltearbeit dieser Muskeln, wie sie beim Schreibmaschineschreiben, Klavier- und Geigespielen, beim Nähen, Stricken und entsprechender Fabrikarbeit, im Krankengymnastik- und Massageberuf erforderlich ist, treten oft schmerzhafte Spannungszustände und Bewegungsstörungen auf. Bei Erkrankungen und funktionellen Störungen des Herzens, der Lungen und Bronchien, bei Magen- und Leber-Gallenstörungen, ferner bei Neuralgien und Neuritiden im Kopf-, Brustkorb- und Schulterbereich sind rheumatoide Beschwerden durch Muskelzonen sehr häufig. Diese Störungen und Beschwerden können durch die Lockerung der erhöhten Muskel- und Bindegewebsspannung und die Wiederherstellung der regelrechten Bewegungen der Brustwirbelsäule beeinflußt und beseitigt werden.

1. Allgemeine Grundübungen

Drehung des Brustkorbs gegen das ruhig gehaltene Becken –

Der Übende sitzt bei diesen Bewegungen auf der ganzen Hockerfläche, da das Becken ruhig gehalten werden soll. Die Arme werden zunächst nicht mitbewegt, damit die Übungen in der richtigen Weise auf die Gelenke und Muskeln der Brustwirbelsäule und des Brustkorbs wirken. Zur Bewegungsausschaltung der Arme und des Schultergürtels werden die Hände seitlich an die Schultergelenke gelegt. Die Oberarme hängen locker an der Seite und werden bei den Drehbewegungen ruhig gehalten, führen also keine Eigenbewegungen aus. Kopf und Blick werden während der Drehbewegungen geradeaus gehalten, da beim Mitwandern des Blicks Schwindel und Kopfschmerzen auftreten können.

Die Drehungen werden in verschiedenen Rhythmen jeweils 10–20–30mal hintereinander ausgeführt, und zwar

a) bei **gekippt gehaltenem Becken,**
b) bei **Beckenmittelstellung,**
c) bei **aufgerichtetem Becken.**

Wenn die Drehungen in der richtigen Weise von der Brustwirbelsäule und dem Brustkorb ausgehen und der Kopf ruhig gehalten wird, kommen lockere **Armpendelschwünge** dazu, deren Gestaltung in der verschiedensten Weise möglich ist, z. B.

Schwingen eines Armes vor – zurück –
Schwingen beider Arme an der rechten und linken Seite –
Armpendelschwünge mit Betonung des 3., 5. usw. Schwunges –
mit Armkreisen des 3. oder 5. Schwunges.

Erst wenn die Drehbewegungen gegen das in den verschiedenen Stellungen ruhig gehaltene Becken als kleine und große, rasche und langsame Bewegungen sicher erlernt sind, werden

2. Brustkorbdrehungen mit Beckenbewegungen

verbunden, wobei eine vielseitige Wirkung auf die ganze Wirbelsäule und den Rumpf erzielt wird.

Bei schlecht beweglicher Brustwirbelsäule wird bei der Rückdrehung das Knie dieser Seite anfangs oft abgespreizt und beim Vordrehen wieder zurückgeführt. Diese Ausweichbewegung ist dadurch zu vermeiden, daß jeweils die andere Hand auf das Knie der Dreh-Schwungseite gelegt wird, wodurch die Knie geschlossen bleiben.

Bei der **doppelten Beckenbewegung** (S. 9) wird jeweils in der ersten Hälfte des Armpendelschwunges sowohl beim Vor- wie beim Zurückdrehen ein kurzes Beckenaufrichten eingeschaltet, dem sofort das Beckenkippen folgt.

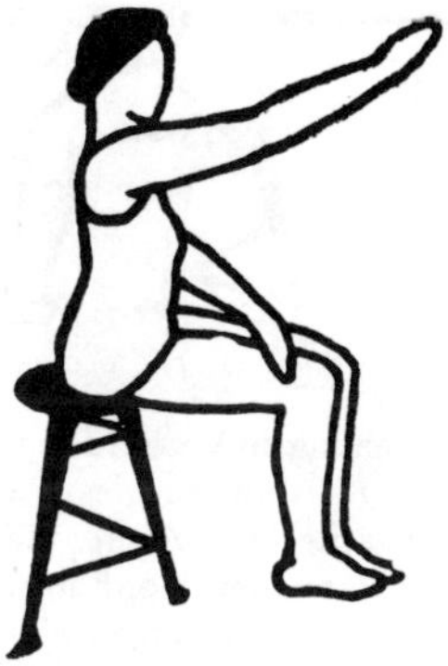

Drehung des Brustkorbs bei Beckenmittelstellung mit Pendelschwung eines Armes

Drehung des Brustkorbs bei aufgerichtetem Becken mit Pendelschwung eines Armes

Brustkorbdrehung mit doppelter Beckenbewegung

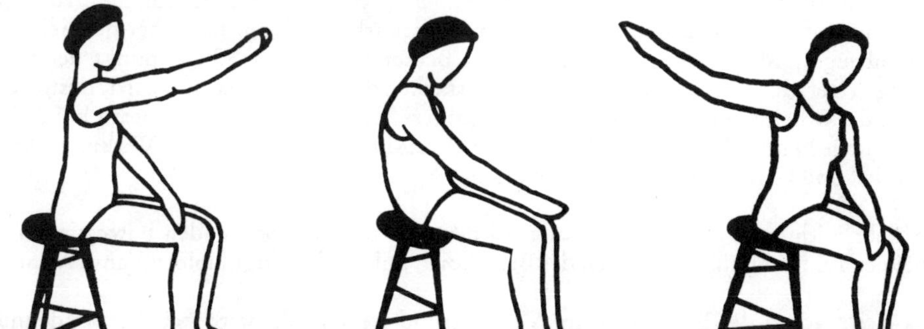

Vordrehen mit Armvorschwung und Beckenkippen

Rückdrehen mit Armrückschwung und – nach kurzem Beckenaufrichten – Beckenkippen

Die Drehbewegungen des Brustkorbs als langsame oder rasche Bewegungen mit stärkerem oder weniger starkem Mitbewegen der Arme, ohne und mit Beckenbewegungen usw. spielen eine wichtige Rolle in der Behandlung aller Fehlspannungen in Muskeln und Bindegewebe der Brustwirbelsäule und des Brustkorbs. Erst wenn sie in den verschiedenen Rhythmen und Bewegungsgrößen locker und geschmeidig ausgeführt werden können, folgen

Brustkorbdrehung mit Schwingen beider Arme an einer Rumpfseite ohne Beckenbewegung – mit einfacher und doppelter Beckenbewegung – Betonung des Vor- und Rückschwungs der Arme –

Brustkorbdrehung in Verbindung mit Becken-Beinbewegung. Abheben des Beines an der Rückschwungseite der Arme. Bei langsamer Ausführung kann der Kopf mitbewegt werden, bei raschen Bewegungen bleibt der Kopf geradeaus gerichtet.

3. Seit- und drehbeugende Brustkorb-Rumpfbewegungen

Auch diese Bewegungen sind besonders gut im Sitzen möglich und wirken je nach ihrer Ausführung locker, schmeidigend, dehnend, spannungsgebend auf die Brustkorb-Bauch- und Rückenmuskeln. Wie bei den Brustkorbdrehungen kann bei der Seit- und Drehbeugung durch eine Veränderung der Beckenhaltung der Scheitelpunkt der Bewegungen verschieden eingestellt werden: je stärker das Becken gekippt wird, desto tiefer liegt der Scheitelpunkt der Biegung – je aufgerichteter das Becken ist, desto höher liegt er. Durch Nachfedern in der Beuge- oder Streckhaltung läßt sich die Wirkung auf die Muskel und Gelenke verschieden gestalten.

Sehr wichtig ist die **Atemführung** bei den seit- und drehbeugenden Bewegungen, die bei den reinen Drehbewegungen des Brustkorbs unberücksichtigt bleiben kann. Wenn das

Weitmachen des Brustkorbs im Vordergrund stehen soll, wird bei der Seitdehnung bzw. Drehstreckung eingeatmet und die Gegenbewegung locker mit spannungsloser Ausatmung ausgeführt. Wenn das

Engmachen des Brustkorbs und Bauchraumes im Vordergrund stehen soll (z. B. bei Emphysembrustkorb, bei schlaffen Bauchdecken usw.), wird die Seit- bzw. Drehbeugung mit Ausatmung und Zusammenziehung der jeweiligen Seite ausgeführt.

Auf der Abb. S. 15 steht die Zusammenziehung der Zwischenrippen- und Bauchmuskeln an der Beugeseite im Vordergrund. Wenn diese Übung in Beckenmittelstellung oder bei gekipptem Becken ausgeführt wird, steht die Zusammenziehung der seitlichen Bauchwand und der gleichseitigen Rückenmuskeln im Vordergrund.

Seitbeugung des Brustkorbs nach links gegen das aufgerichtete Becken
– Ausatmung –
Streckung zur Mitte mit Beckenkippen
– Einatmung –
Seitbeugung des Brustkorbs nach rechts gegen das aufgerichtete Becken
– Ausatmung –

Die Einatmung kann auch mit Weitmachen der hinteren unteren Flankenabschnitte und leichtem Beckenaufrichten ausgeführt werden, z. B.

Ausgangsstellung in Beckenmittelstellung, Hände auf dem Kopf:

Einatmung
in die hinteren unteren Flankenabschnitte mit leichtem Beckenaufrichten –

Ausatmung
mit intensivem Seitbeugen des Brustkorbs nach links und starkem Beckenkippen – leichte Verlagerung des Rumpfgewichts nach rechts –

Einatmung
in die hinteren unteren Flankenabschnitte mit leichtem Beckenaufrichten und Zurückverlagern des Rumpfgewichtes in die Mitte –

Ausatmung
mit intensivem Seitbeugen des Brustkorbs nach rechts und starkem Beckenkippen – leichte Verlagerung des Rumpfgewichts nach links usw.

Drehstreckung des Brustkorbs nach links mit Beckenkippen und Einatmung

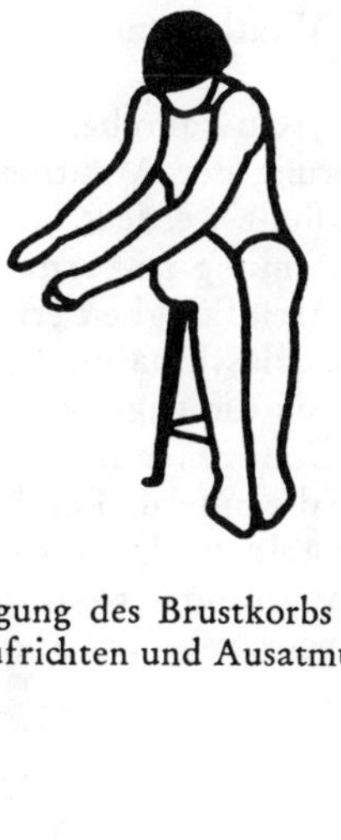

Drehbeugung des Brustkorbs nach rechts mit Beckenaufrichten und Ausatmung

Die Wirkung auf die Bauch-, Rücken- und Interkostalmuskeln ist durch die verschiedene Beckenhaltung oder Beckenmitbewegung zu verändern; wichtig ist die zweckmäßige **Atemführung** unter den verschiedenen Übungsgesichtspunkten. In ausgezeichneter Weise kann durch diese Übungen das Zusammenspiel der Rumpfmuskeln (Bauch-Rücken-Brustkorbmuskeln) geübt werden. Es hängt von der Geschicklichkeit und dem Können des Behandlers ab, die Wirkung der Übungsbehandlung auf die jeweiligen Muskeln und Gelenke richtig zu gestalten.

Nach unseren Erfahrungen eignen sich die Übungen der **Brustkorbdrehung,** der **Seitbeugung** und **Drehbeugung** bzw. **Seitstreckung** und **Drehstreckung** in besonderer Weise zur Beeinflussung des Brustkorbs und seiner Organe. Wir bezeichnen diese Übungen daher geradezu als **Atem-Brustkorbgymnastik** und bringen damit zum Ausdruck, daß ihre Anwendung da angezeigt ist, wo Störungen der Atemfunktion vorhanden sind. Das ist immer mehr oder weniger der Fall bei allen funktionellen und organischen Herzstörungen, bei Erkrankungen und Störungen der Bronchien und Lungen, nach Rippenfellerkrankungen sowie bei Nerven- und Muskelstörungen im Bereich des Brustkorbs selbst. Es folgen einige kurze Hinweise für die Gestaltung der Atem-Brustkorbübungen im Sitzen bei verschiedenen Erkrankungen.

Bei **pektanginösen Beschwerden** werden zunächst Drehbewegungen des Brustkorbs zur schmeidigenden Einwirkung auf die erhöht gespannten linksseitigen Interkostal- und Brustmuskeln ausgeführt. Dann folgen seit- und drehbeugende Bewegungen mit dem Ziel der Weitmachung der linken Brustkorbseite. Erlernt der Kranke diese Übungen und führt er sie regelmäßig durch, so hat er damit ein ausgezeichnetes Mittel zur Bekämpfung der unangenehmen «Herzgefühle» in der Hand und kann diese selbst zum Verschwinden bringen.

Bei **Rippenfellschwarten** sind zunächst die Interkostalmuskeln durch Drehbewegungen geschmeidig zu machen. Dann folgen seitbeugende und drehbeugende bzw. seitstreckende und drehstreckende Bewegungen zur dehnenden Einwirkung zunächst auf die Muskeln, dann darüber hinaus auch auf das Schwartengewebe. Der Behandler muß sorgfältig den Scheitelpunkt der Streckung und damit der Dehnwirkung auf die Verschwartung einstellen. Zu warnen ist hier vor zu großen Bewegungen, da durch diese das zunächst kaum nachgiebige Gewebe nicht erfaßt, sondern die Bewegung von anderen Rumpfabschnitten vor allem im Lendenbereich ausgeführt wird. Damit tritt keine Verbesserung der Beweglichkeit des Brustkorbs und der Beatmung der Lunge ein. Bei richtiger Übungsarbeit äußert sich die Einwirkung in einer Steigerung der Atemdifferenz und der Vitalkapazität. Das gleiche gilt für die Nachbehandlung nach Rippenresektionen usw.

Beim **Emphysem** kann bei den drehenden, den seit- und drehbeugenden Bewegungen eine Verlängerung der Ausatmung geübt und damit der funktionelle Anteil des Emphysems beeinflußt werden. Bei richtiger Ausführung solcher Übungen, bei denen jede Pressung der Atmung zu vermeiden ist, läßt sich in den meisten Fällen bald eine Verbesserung der Atemfähigkeit erzielen.

Beim **Bronchialasthma** muß die funktionelle Beurteilung entscheiden, ob neben den Drehbewegungen die eng- oder die weitmachenden, die seit- und drehbeugenden oder -streckenden Übungen anzuwenden sind. Beim drohenden Anfall bewähren sich in jedem Fall die die unteren Flankenpartien weitmachenden Bewegungen.

Bei **Interkostalneuralgien** kommen neben den Drehbewegungen gezielte, die betroffenen Interkostalräume weitmachende Seit- und Drehstreckbewegungen in Frage.

Die bisher beschriebenen Übungen im Sitzen können durch eine Änderung ihrer Bewegungsart zu gestaltet werden, so daß sich die Hockergymnastik auch zur Beeinflussung einer schlechten Rücken-Brustkorb-Schulterhaltung eignet. Je nach der Ausführung der Übungen kann die Wirkung auf die verschiedenen Rumpfabschnitte eingestellt werden. Entscheidend für die gezielte Erfassung bestimmter Abschnitte ist wiederum die Haltung und Mitbewegung des Beckens und die Atemführung.

Ausgangsstellung: stark aufgerichtetes Becken – weit nach rückwärts verlagerter Rumpf –

mit Beckenkippen Rumpf strecken und senken nach vorn mit Einatmung (verschieden tief) –
tiefes Abbeugen zwischen die Beine mit Ausatmung –
mit Beckenkippen Rumpf zur Senkhalte heben mit Einatmung (verschieden hoch) –
mit Beckenaufrichten und Ausatmung zurück zur Ausgangsstellung.

Durch Einschalten von Haltemomenten – Nachfedern – Änderung der Haltung und Mitbewegen der Arme usw. kann die Übungseinwirkung verschieden gestaltet werden.

Diese Rumpfbewegung läßt sich auch schräg über einem Bein ausführen – der Rumpf kann in der Senkhalte von einem Bein über das andere und zurück geführt werden usw. – Rumpfbeuge- und Armschwungbewegungen können hinzugenommen und dadurch eine vielgestaltige Rückengymnastik durchgeführt werden.

Durch die synergistische Zusammenarbeit der Beckenbodenmuskeln mit den Bauch- und Gesäßmuskeln können die Übungen im Sitzen auch als

IV. Beckenboden-Gesäßübungen

ausgeführt und bei bestimmten Menstruationsstörungen therapeutisch angewandt werden. Je kleiner die Bewegungen ausgeführt werden und je stärker die Spannungsarbeit der Muskulatur ist, desto mehrt tritt die Arbeit des Beckenbodens in den Vordergrund. Das zu wissen ist wichtig, da häufig das Gefühl für die Mitarbeit der Beckenbodenmuskeln nicht vorhanden oder verloren gegangen ist.

Die folgenden Übungen bringen durch **Abhebebewegungen des Gesäßes** vom Hocker oder Stuhl eine kräftige Einwirkung auf die Beckenbodenmuskeln und wirken durch die Hinzunahme von mehr oder weniger starken **Erschütterungsübungen.** Sie stellen einen Reiz für die Unterleibsorgane dar, der zur Einwirkung auf Menstruationsstörungen der verschiedensten Art therapeutisch wichtig sein kann.

Sitz vorn auf dem Hocker oder Stuhl, Füße bei gespreizten Knien so weit wie möglich nach rückwärts angestellt, damit der Rumpf leicht abhebbar ist, Becken stark gekippt, Rumpf nach schräg vorlegen, Hände auf den Knien:

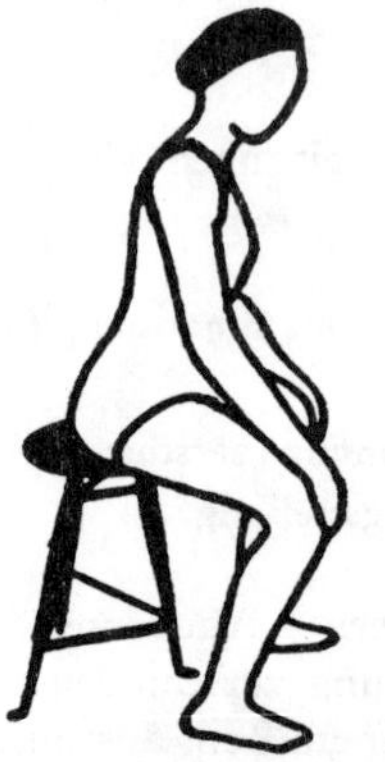

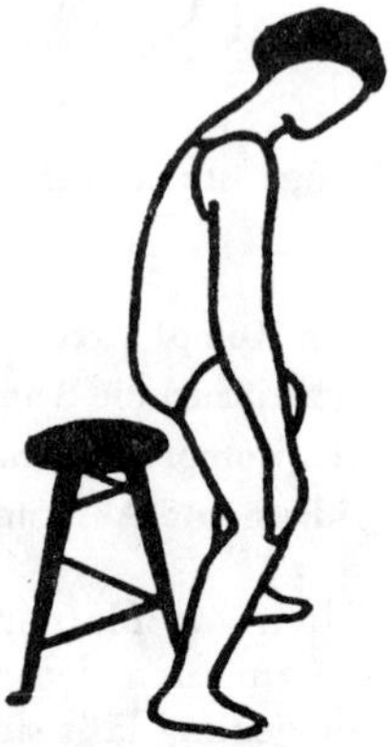

durch kräftige Zusammenziehung und Spannung von Gesäß-, Beckenboden- und Bauchmuskeln das Becken aufrichten und abheben –
locker in die Ausgangsstellung zurückführen oder fallen lassen.

Wenn das Abheben des Gesäßes mit gekipptem Becken (Lordose) durch Vorschieben der Knie erfolgt, geht die Übungswirkung auf den Beckenboden verloren, da die Arbeit dann nur von den Oberschenkelmuskeln ausgeführt wird. Zur Erlernung der richtigen Bewegungsart faßt die Krankengymnastin u. U. die waagerecht nach vor angehobenen Unterarme, damit sich der Übende ganz auf das Beckenaufrichten durch Gesäß- und Bauchmuskelspannung einstellen kann.

Zur Erzielung einer **Erschütterungswirkung** in das kleine Becken hinein läßt man das Becken aus der abgehobenen Haltung locker auf den mit Decke versehenen Hocker oder Stuhl fallen. Wichtig ist, daß das Becken in die gekippte Haltung fällt. Die Erschütterung pflanzt sich dann auf die Kleinbeckenorgane fort und belastet nicht in unerwünschter Weise das Kreuzbein und die Iliosakralgelenke. Durch Fall aus verschiedener Höhe kann die Erschütterungseinwirkung dosiert werden.

Die folgenden Übungen bringen das verschieden zu gestaltende **Hochkommen zum Stand** mit Brustkorb- und Rumpfschwüngen:

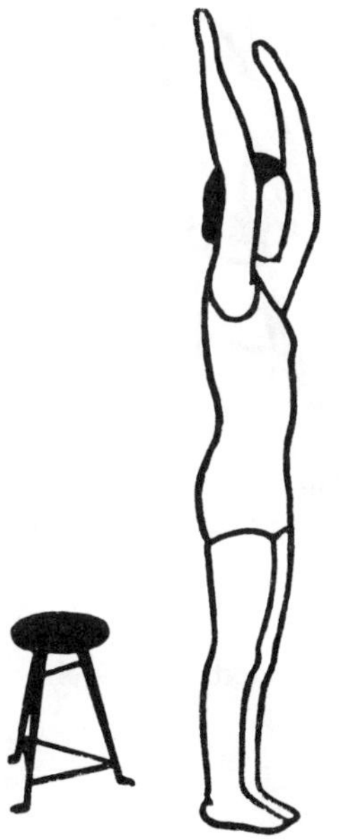

mit Hochschwung der Arme und Rückenstreckung auf zum Stand

mit Abschwung der Arme Brustkorb beugen

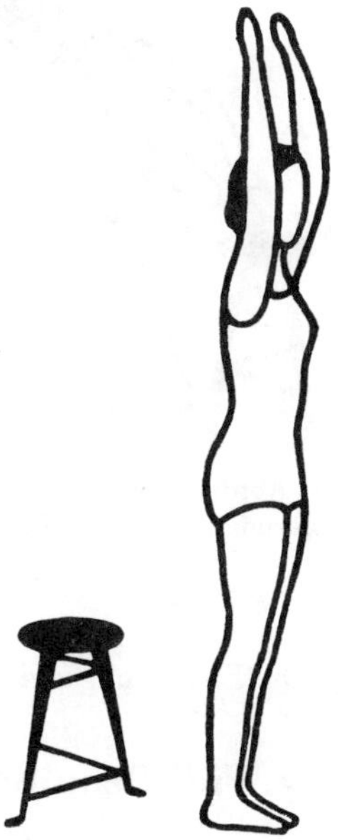

mit Hochschwung der Arme wieder auf zur Streckung

Man kann beliebig rasch wieder absitzen – Zwischenschwünge der Arme ohne und mit Brustkorb-, Rumpf- und Kniebewegungen ausführen – mehr die Streckung oder mehr die Beugung betonen – die Arme seitlich am Rumpf schwingen und seit- und drehbeugende Brustkorbbewegungen hinzunehmen, je nach der Zielsetzung der Übungsbehandlung. Beim Üben in der Gruppe kann durch plötzliche Änderung der Zahl der Zwischenschwünge eine anregende und durch eintretende Fehler im Absetzen oder Hochkommen erheiternde Abwechslung und Entspannung in die konzentrierte Arbeit hineingebracht werden. Verbindet man tiefe Rumpfbeugebewegungen mit gebeugter und gestreckter Kniehaltung im Stand mit intensiven Becken-Beinbewegungen im Sitzen in raschem Wechsel, so erzielt man durch die damit einhergehenden großen Gelenkbewegungen und kraftvolle Muskelarbeit eine intensive **Kreislauf- und Stoffwechselwirkung.**

mit Abschwung der Arme federnde Knie-Rumpfbeugung | mit Hochschwung der Arme wieder auf zur Streckung | mit Abschwung der Arme ab zum Sitzen

Die Entlastung der Beine im Sitzen ermöglicht ferner in ausgezeichneter Weise

V. Fuß-Beinübungen

Diese werden lockernd, dehnend und mit kraftvoller Muskelspannung usw. ausgeführt. Durch Wegfallen der statischen Belastung ist die therapeutische Anwendung bei den verschiedensten Störungen und Beschwerden der Muskeln und Gelenke möglich. Die Ausführung großer Gelenkbewegungen befördert den Venen- und Lymphstrom und beeinflußt Stauungsbeschwerden in den Beinen. Die folgenden Übungen sollen nur Beispiel sein und zu eigenen Formen anregen.

1. Durchbewegen der Fuß-Knie-Hüftmuskeln

Man kann die verschiedensten **Variationen** dieser Grundformen ausführen: das Bein gespreizt anstellen – über das andere herüberschlagen – die Beckenkipp- oder -aufrichtebewegung betonen – durch Temposteigerung eine energische Anregung des Muskelstoffwechsels bringen, was für die Fuß- und Beinmuskeln besonders wichtig ist:

mit Beckenaufrichten Abheben eines Beines und Dorsalflexion des Fußes

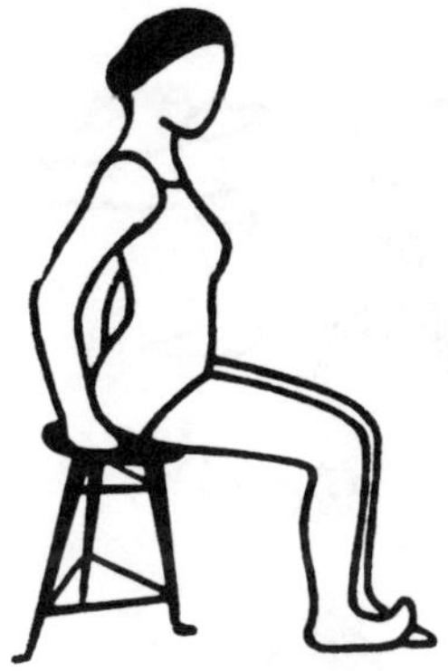

mit Beckenkippen Abstellen des Beines auf die Hacke

oder

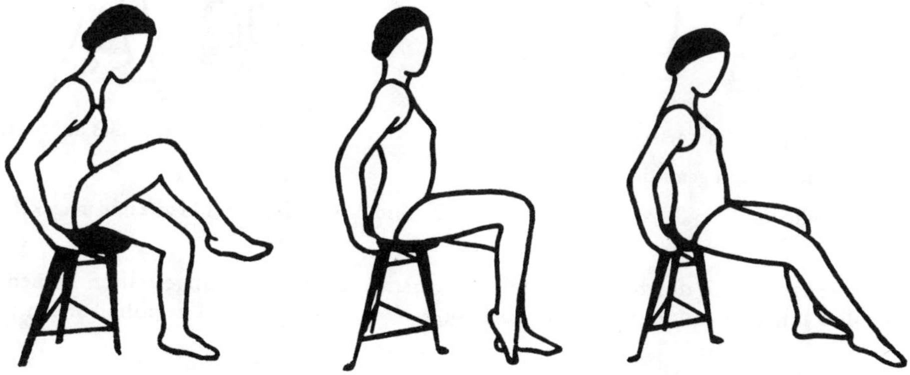

die gleiche Übung mit Plantarflexion des Fußes –

oder

Verbindung der beiden Formen: Abheben des Beines mit Plantarflexion –
Abstellen mit Dorsalflexion –

oder

in Verbindung mit nach vorn Absetzen des Beines auf Spitze oder Hacke usw.

Wenn die Unterschenkel-Fußmuskeln geschmeidiger geworden sind, folgen **dehnende Bewegungen:**

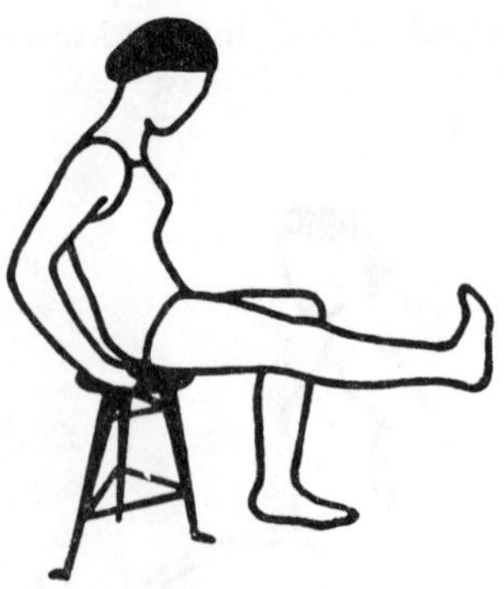

Kniestreckung mit Dorsalflexion des Fußes

Abstellen des Fußes auf Hacke

im Wechsel mit

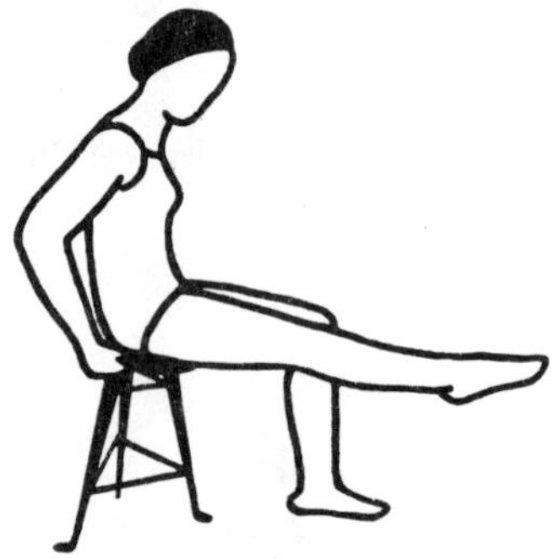

Kniestreckung mit Plantarflexion des Fußes

Abstellen des Fußes auf Spitze

oder beide Formen gemischt:

Kniestreckung mit Dorsalflexion des Fußes

Abstellen des Fußes auf Hacke und umgekehrt.

Wieder lassen sich durch Ausführung aus verschieden gespreizt angestellten Beinen – ohne und mit Beckendrehungen usw. beliebige **Variationen** dieser Grundhaltungen gestalten.

Abschließend folgen

2. dehnende Becken-Beinbewegungen

Sie sind als Ausgleich der Haltearbeit im täglichen Leben der Erwachsenen wünschenswert, fehlen doch ganz allgemein die großen und dehnenden Muskel- und Gelenkbewegungen für Hüften und Beine. Viele Durchblutungsstörungen, Stauungsbeschwerden in den Beinen, Belastungs- und Ermüdungsschmerzen in den Füßen und Beinen können vermieden werden, wenn die Fähigkeit zu großen Muskel-Gelenkbewegungen erhalten und diese immer wieder geübt würde! Zahlreiche rheumatische und neuralgische Beschwerden in Rücken, Hüften und Beinen können, wenn die Übungen in langsam einschleichender Weise ausgeführt werden, zum Verschwinden gebracht werden. Viele der beim weiblichen Geschlecht häufigen Verdauungsstörungen sind durch die Übung der großen Hüft-Beinbewegungen in Verbindung mit den kleinen Bewegungen für Becken-Lendenwirbelsäule zu vermeiden und zu beseitigen.

Dehnung der Kniebeuger-Hüftstrecker-Rückenmuskeln

Sitz mit gespreizt angestellten Beinen, Rumpf tief gebeugt, Hände locker am Boden zwischen oder vor den Füßen –

Gesäß abheben mit Kniestreckung – setzen

(Handflächen fest am Boden!) – Übung auch über einem Bein.

Die Übungen mit dem Abheben des Gesäßes vom Hocker bei tiefer Rumbeugehaltung können mit **Hochkommen zum Stand** (S. 19 und 20) verbunden und damit vielseitig gestaltet werden.

Dehnung der Kniebeuger und Hüftstrecker

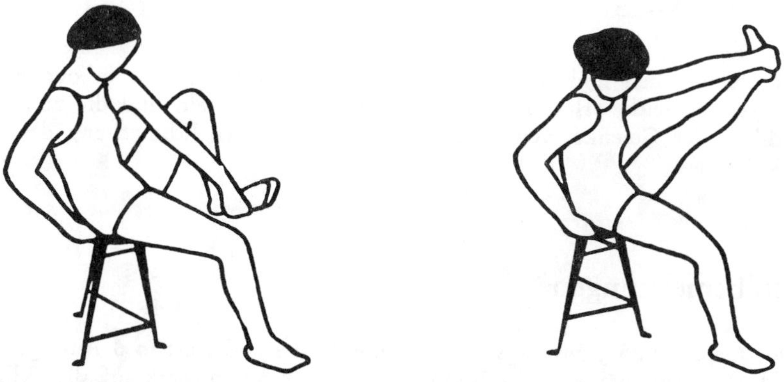

Eine Hand faßt den gleichseitigen oder – was leichter auszuführen ist – den gegenseitigen Fuß im Längsgewölbe: Bein strecken – beugen

Die Dehnwirkung auf die Kniebeuger und Hüftstrecker ist stärker, wenn der Fuß mit beiden Händen gefaßt und das Bein gestreckt wird. Die stärkste Dehnung erfolgt, wenn der Kopf gegen das gestreckte Knie geführt wird.

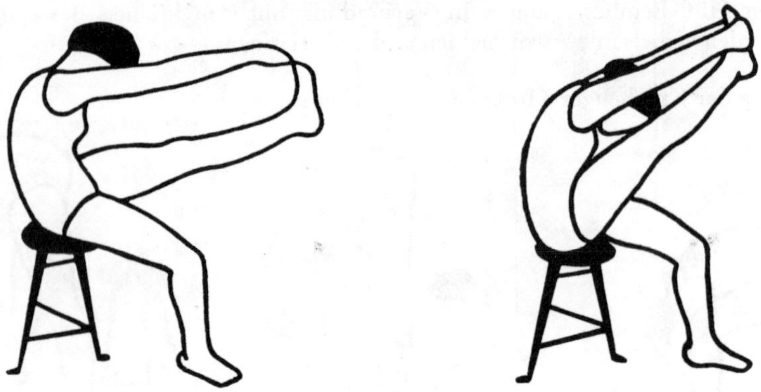

Dehnung der Hüftbeuger und Kniestrecker

Man rückt dazu seitlich etwas heraus auf dem Hocker oder Stuhl, umgreift den entsprechenden Fuß von außen und drückt die Ferse federnd an das Gesäß. Gleichzeitig wird der Oberschenkel – ohne verstärkte Lendenlordose! – etwas nach rückwärts geführt.

Die schmeidigenden und dehnenden Bein-Hüftbewegungen sind in der sitzenden Ausgangsstellung leicht erlernbar. Die Lockerung der Muskeln und die zunehmende Beweglichkeit der Gelenke weckt die Freude an der Beweglichmachung des «eingerosteten» Körpers.

Schlußbemerkungen

Die vor mehr als 25 Jahren erstmals veröffentlichte und jetzt in 6. Auflage erscheinende **«Hockergymnastik»** hat im Rahmen der Krankengymnastik auf allen klinischen Gebieten große Bedeutung, erlaubt doch die sitzende Ausgangshaltung auch bei Behinderungen eine gezielte und allgemeine Einwirkung auf den ganzen Körper. Die **«Hockergymnastik»** spielt aber auch für den Gesunden im täglichen Leben eine wichtige Rolle zur Vorbeugung und zum Ausgleich von Störungen und Beschwerden, wie sie als Folge der Einseitigkeit der Haltungen und Bewegungen häufig sind. Wer die Wirkung der «Hockergymnastik» einmal erlebt hat, möchte sie nicht mehr missen.